평범한 우리 어린이들을
다음 세대 위인으로 만들어 줄 위인전!
효리원의 저학년 교과서 위인전은
초등학교 교과 과정에 나오는 국내외 위인들을
우리나라 최고 아동 문학가 53인이 재미있게 동화로
구성했습니다. 지혜와 용기로 위대한 삶을 산
위인들의 이야기는 어린이들의 마음속에
'나도 할 수 있다!'는 희망의 씨앗을
심어 줄 것입니다.

KB192161

사랑을 실천한
기독교의 창시자
예 수

고수산나 글 / 안준석 그림

 효리원
hyoreewon.com

예수 그리스도는 위인이라기보다는 성인입니다.

대부분의 위인들은 사람들이 본받을 만한 생활이나 뚜렷한 업적이 있습니다. 하지만 예수는 다릅니다. 예수는 눈으로 확인되는 공적을 쌓거나 역사에 길이 남을 공덕을 기록하지는 않았습니다.

다만 예수는 인류의 구원을 위해 성스러운 죽음을 선택한 성인입니다. 성탄절이나 예수를 모르는 어린이는 없지만 예수가 어떤 일을 했는지, 왜 사람들이 그토록 사랑하고 존경하는지 정확하게 아는 어린이는 많지 않습니다.

예수의 죽음은 신학적인 문제라서 어린이들에게 이해시키기 어려울 수도 있습니다. 그 당시의 시대적 상황을 이해하지 못하면 예수가 왜 죽게 되었는지도 알기 힘듭니다.

기독교적인 믿음을 가진 분들이라면 예수가 하느님의 아들로서 어떻게 신이 되었는지 알려 줄 수도 있을 것입니다.

무엇보다도 중요한 것은 예수가 실천한 사랑입니다. 어린이들에게 예수는 인류에게 사랑을 가르쳤던 인물임을 꼭 알려 주세요.

예수는 부모를 사랑하고, 이웃을 사랑하고, 원수를 사랑하라고 가르쳤습니다. 하느님의 말씀대로 사는 것이 어떤 것인지 자신의 삶을 통해서 드러낸 분이지요.

예수는 가장 천한 곳에서 태어나 가장 높은 곳으로 올라간 분입니다. 학부모님과 선생님께서는 어린이들이 예수의 일생을 올바르게 이해할 수 있도록 잘 설명해 주시고, 그의 희생과 용서로 사랑이 어떤 힘을 발휘했는지도 자세히 알려 주세요.

예수의 죽음이 인류에게 어떤 의미가 되는지 어린이들이 느끼게 된다면 더욱 좋겠지요.

이 책으로 인해 우리 어린이들이 종교적 입장을 떠나, 사랑 많은 어른으로 자라날 수 있다면 좋겠습니다.

교회나 성당에 다니지 않아도 예수를 모르는 친구들은 없겠지요? 예수가 태어난 성탄절은 아이나 어른에게나 모두 즐거운 날이지요.

그럼 여러분은 예수가 세상 사람들을 위해 어떤 일을 했는지에 대해서도 알고 있나요?

예수는 2000여 년 전에 사람들에게 좋은 가르침을 주고, 아프고 고통받는 사람들을 낫게 해 주신 분입니다.

하지만 이것이 전부가 아닙니다. 예수는 우리 인류를 위해 십자가에 못 박혀 돌아가셨어요. 사람들에게 사랑을 가르쳐 주시고, 죄를 대신 가져가셨답니다. "원수를 사랑하라."는 가르침은 예수의 큰 사랑이 가장 잘 느껴지는 말로서, 여러분도 여러 번 들어 잘 알고 있을 거예요.

그럼 예수가 어떤 분인지, 왜 돌아가셨는지, 우리에게 무엇을 남겨 주셨는지 함께 알아볼까요?

글쓴이

차례

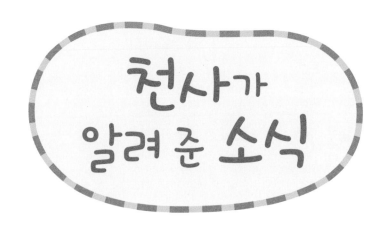

천사가
알려 준 소식

이스라엘의 나사렛 마을에 마리아라는 처녀가 살고 있었습니다. 마리아에게는 곧 결혼할 요셉이라는 약혼자가 있었지요. 어느 날 밤 천사가 마리아를 찾아왔습니다.

"마리아, 나는 하늘에서 기쁜 소식을 전하러 온 천사랍니다. 당신은 곧 아기를 갖게 될 거예요."

"무슨 말씀이세요? 나는 아직 결혼도 하지 않았는걸요."

마리아는 깜짝 놀랐습니다.

"당신은 성령(하느님의 성스러운 기운 또는 영혼)으로 아기를

가지게 될 것입니다. 당신이 낳을 아기는 하느님의 아들이며, 이 세상을 구할 귀한 분이 될 것입니다."

마리아는 두렵고 떨렸지만 용기를 내어 말했습니다.

"이 몸은 하느님의 종입니다. 하느님께서 원하시는 대로 이루어질 것입니다."

다음 날 아침, 마리아는 요셉을 찾아갔습니다. 그리고 천사의 말을 전했습니다.

'마리아가 하느님의 아기를 가졌다고? 믿어도 될까?'

요셉이 망설이고 있을 때 다시 천사가 나타났습니다.

"요셉, 두려워 마세요. 마리아는 하느님의 아기를 낳게 될 것입니다. 당신이 아기의 아버지가 되어 주세요."

요셉은 천사의 말을 듣고 마리아를 믿게 되었습니다. 그리고 마리아와 태어날 아기를 지켜 주어야겠다고 생각했습니다.

아기 예수가
태어났어요

마리아와 요셉이 살던 이스라엘은 로마의 지배를 받고 있었습니다. 로마의 황제는 세금을 더 많이 거두어들이기 위해 호적(한 집안에 속한 사람들의 신분에 대해 기록한 문서) 정리를 명했습니다. 호적 정리는 조상들의 고향에서만 할 수 있기 때문에 다윗의 후손인 마리아와 요셉은 베들레헴으로 가야 했습니다.

"곧 아기를 낳을 텐데 먼 여행을 해야 하다니……."

요셉은 마리아가 걱정되었습니다.

베들레헴에 도착했습니다.

마리아는 곧 아기를 낳을 것 같았습니다.

"빈 방 있습니까?"

요셉과 마리아는 베들레헴의 여관을 돌아다녔습니다.

"미안하지만, 방이 없습니다. 사람들이 많이 모이는 때라 빈 방이 없습니다."

몇 군데를 돌아다녀 보았지만 헛수고였습니다.

"아내가 곧 아기를 낳으려고 합니다. 방이 아니라도 좋으니 누울 곳이 있으면 좋겠습니다."

요셉이 사정하자 여관 주인은 마구간을 내주었습니다.

요셉은 마구간 한편에 깨끗한 짚을 깔고 천을 덮었습니다. 마리아는 그 위에 누웠습니다.

별들이 반짝이는 밤이 되었습니다. 들판에서 양을 치는 목동들 앞에 천사가 나타났습니다.

"너희는 모두 마구간으로 가거라. 그곳에서 사람들을 구원할 구세주가 나셨단다. 어서 가서 경배(존경하는 마음으로 공손하게 인사하는 것)를 드려라."

양치기들은 베들레헴의 마구간으로 달려갔습니다. 천사의 말대로 말구유(말의 먹이 그릇)에 아기가 누워 있었습니다.

"이 작은 아기가 우리를 구원할 구세주이시구나!"

　　양치기들은 무릎을 꿇고 아기 예수의 탄생을 축하했습니다. 동방(지금의 이란 지방)에서 온 세 명의 박사도 베들레헴으로 찾아왔습니다.

　　별을 연구하는 세 박사는 유난히 밝게 빛나는 별을

보고 위대한 인물이 태어날 것을 미리 짐작하고 있었습니다.

동방 박사들은 큰 별을 따라 이스라엘까지 왔습니다. 낮이 되어 길잡이를 해 주던 별이 사라지자 동방 박사들은 헤롯 왕을 찾아갔습니다.

"베들레헴에서 구세주가 나셨는데, 혹시 어디인지 알고 계십니까?"

헤롯 왕은 동방 박사의 말에 깜짝 놀랐습니다.

'내가 이스라엘의 왕인데, 누가 또 태어났다는 거지? 그게 누구인지 꼭 찾아내야 해.'

헤롯 왕은 박사들에게, 자신도 경배하러 갈 테니 구세주를 찾으면 연락해 달라고 했습니다.

다시 밤이 되자 동방 박사들은 큰 별의 안내로 베들레헴의 마구간까지 찾아왔습니다. 동방 박사들은 말구유에 누워 쌔근쌔근 자는 아기 예수에게 경배를 드렸습니다.

"여기 황금과 유향(약재료로 쓰이는 향료), 몰약(향기가 나게 하거나 물체를 썩지 않게 하는 액체)을 선물로 드립니다."

그날 밤, 잠이 든 동방 박사 세 사람은 똑같은 꿈을 꾸었습니다.

"내일 헤롯 왕에게 가지 말고 다른 길로 가거라."

24

동방 박사들은 꿈에서 들은 대로 헤롯 왕을 피해서 자기 나라로 돌아갔습니다.

이것을 안 헤롯 왕은 화가 났습니다.

"동방 박사들이 약속을 지키지 않고 그냥 가 버리다니! 이번에 태어난 아기가 이스라엘의 왕이 된다고? 나중에 내 자리를 빼앗을지도 모르니 없애 버려야겠다!"

헤롯 왕은 베들레헴에 있는 두 살 이하의 남자 아기를 모두 죽이라는 명령을 내렸습니다. 불쌍한 아기들이 아무 죄도 없이 죽임을 당했습니다.

요셉은 천사가 미리 알려 준 대로 이집트로 도망을 갔습니다. 그들은 그곳에 머물다가 헤롯 왕이 죽자 다시 이스라엘로 향했습니다. 요셉은 아기 예수와 마리아를 데리고 고향인 나사렛으로 돌아왔습니다.

예수는 자라면서 성서 공부를 열심히 했습니다. 지혜롭고 총명한 예수는 커갈수록 더욱 많은 사람들에게 사랑을 받았습니다.

세례 받은
예수

예수가 살던 나사렛 지방에 요한이라는 사람이 있었습니다. 요한은 벌꿀과 메뚜기를 먹고, 낙타 털로 만든 초라한 옷을 입고 살았습니다.

요한은 요르단 강에서 사람들에게 세례(기독교에 입교하는 사람의 모든 죄를 씻어 주는 의식)를 주었습니다.

"죄를 뉘우치고 세례를 받으십시오. 그래야 하느님 나라에 들어갈 수 있습니다."

많은 사람들이 요한에게 세례를 받고 그를 따랐습니다.

예수 석상 | 브라질 리우데자네이루의 코르토바우 산꼭대기에 있는 이 거대한 예수 석상은 2007년 세계 7대 불가사의에 선정되었습니다.

　"선생님이 우리를 구해 줄 구세주인가요?"

　이스라엘 사람들은 요한이 바로 애타게 기다리던 구세주가 아닐까 생각했습니다.

　"나는 구세주가 아닙니다. 곧 우리 앞에 나타날 구세주는 나보다 훨씬 훌륭한 분입니다. 나는 그분의 신발 끈을 풀어 드릴 자격도 없는 사람입니다."

　어느 날 예수가 요한에게 세례를 받으러 왔습니다. 요한은 한눈에 예수를 알아보았지요.

“제가 어떻게 감히 당신에게 세례를 주겠습니까?”

“하느님의 뜻이니 나에게 세례를 주시오.”

요한이 강물로 예수에게 세례를 베풀자 하늘에서 비둘기 모양의 성령이 내려왔습니다. 그리고 이어서 거룩한 목소리가 들렸습니다.

“너는 내가 사랑하는 아들, 내 마음에 드는 아들이다.”

이때부터 예수는 예수라는 본래 이름에 구세주라는 의미를 가진 그리스도를 더해 '예수 그리스도'로 불리게 되었습니다.

세례를 받은 예수는 넓은 들로 나갔습니다. 그는 40일 동안 아무것도 먹지 않고 하느님께 기도를 했습니다. 40일이 지나자 배가 고파 움직이기도 힘들었습니다. 그때 악마가 나타나 돌멩이를 빵으로 만들어 보라고 했습니다.

“사람은 빵만으로 사는 것이 아니다. 하느님의 말씀으로 사는 것이다.”

악마는 높은 곳에서 뛰어내리는 기적을 보이라고 유혹했습니다. 또, 자기 앞에 무릎을 꿇으면 이 세상을

다 주겠다고도 했습니다.

하지만 예수는 악마를 야단쳐 물러가게 했습니다. 예수는 마을로 돌아가 사람들에게 하느님의 말씀을 전했습니다.

"여러분에게 양 백 마리가 있는데, 어느 날 양 한 마리를 잃어버렸습니다. 어떻게 하시겠습니까?"

예수가 사람들에게 물었습니다.

"당연히 한 마리를 찾아야지요."

"하느님도 마찬가지이십니다. 죄를 짓고 하느님의 나라에 들어오지 못하는 사람들을 사랑으로 찾으려 하십니다."

예수는 사람들에게 알기 쉽게 하느님의 말씀을 설명해 주었습니다. 예수를 따르는 사람들이 점점 많아졌습니다. 어부인 시몬 베드로와 동생 안드레아, 야고보와 요한도 예수의 제자가 되었습니다.

나중에 빌립보, 도마, 다대오, 바르톨로메오, 마태오, 야고보(야고보라는 이름을 가진 제자가 두 명임), 유다, 시몬 등이 제자가 되어 예수의 제자는 총 열두 명이 되었습니다.

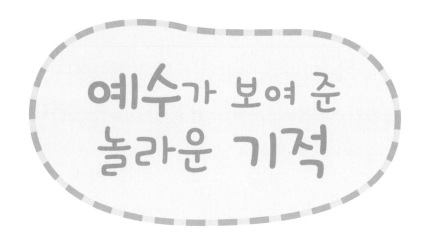

예수가 가는 곳이면 사람들이 구름처럼 몰려들었습니다. 예수는 병든 사람을 고치고, 귀머거리나 벙어리도 낫게 하는 기적을 보였기 때문이었습니다.

더 많은 병자가 예수를 찾아왔습니다. 몸을 움직일 수 없는 중풍 환자는 들것에 실려 오기도 했습니다. 사람들이 너무 많아 예수에게 가까이 갈 수 없자 어떤 이들은 지붕에 구멍을 뚫고는 밧줄을 타고 예수 앞으로 내려왔습니다.

"선생님, 제발 저를 낫게 해 주십시오. 당신이라면 꼭 할 수

있을 것입니다!"

예수는 고통받는 가엾은 사람의 손을 잡아 주었습니다.

"네 믿음이 너를 걷게 할 것이다. 일어나서 이불을 걷고 나가거라."

예수의 한마디에 중풍 환자는 사람들 앞에서 벌떡 일어났습니다. 사람들은 이런 기적을 보고 놀라기도 하고, 예수를 두려워하기도 했습니다.

어느 날, 예수가 산 위에서 설교를 하고 있었습니다.

"마음이 가난한 자는 행복하다. 하늘나라가 그들의 것이다. 옳은 일을 하다가 박해를 받는 사람은 행복하다. 하늘나라가 그들의 것이다. 평화를 위해 일하는 사람은 행복하다. 그들은 하느님의 아들이 될 것이다."

많은 사람들이 예수의 말에 감동을 받아 꼼짝도 하지 않고 자리를 지켰습니다. 그들은 어느새 날이 어두워진 것도 알지 못했습니다.

"선생님, 음식이라고는 빵 다섯 개와 물고기 두 마리밖에 없습니다. 오천 명이나 되는 사람들을 어떻게 먹이지요?"

제자들이 걱정하자 예수는 음식을 달라고 했습니다.

빵과 물고기를 들고 감사의 기도를 올린 예수는 사람들에게 음식을 나누어 주라고 말했습니다.

그런데 이게 어떻게 된 일일까요? 빵과 물고기는 아무리 나누어 주어도 줄어들지 않았습니다. 떼어 내도, 잘라 내도 크기와 모양이 그대로였습니다.

풀밭에 앉은 오천 명의 사람들 모두 배불리 음식을 먹을 수 있었습니다. 나중에 부스러기를 모아 보니 열두 광주리나 되었습니다.

예수가 보인 기적은 또 있었습니다. 깜깜한 밤에 누군가 출렁거리는 파도 위를 걸었습니다. 제자들이 깜짝 놀라 자세히 보니 바로 예수였습니다.

예수는 사람들에게 훌륭한 가르침을 많이 주었습니다.

"너희는 세상의 빛과 소금이 되어라. 빛과 같이 밝게 빛나는 사람이 되어 사람들을 기쁘게 하라. 소금은 음식의 맛을 내게

하고 썩지 않게 한다. 너희도 올바르게 살아 사람들에게 행복을 주어라."

예수는 하늘나라에 대해서도 말했습니다.

"천국은 겨자씨와 같다. 겨자씨는 아주 작은 씨앗이지만 싹이 나서 자라면 아주 큰 나무가 된다. 천국도 아주 조그맣지만

하느님의 사랑으로 커다란 나라가 된다. 너희는 그 안에서 편히 쉴 수 있을 것이다."

예수는 사람들에게 용서하라고 가르쳤습니다.

"원수를 사랑하라. 누가 오른쪽 뺨을 때리거든 왼쪽 뺨도 내밀어라. 원수를 미워하고 복수를 하면 죄만 지을 뿐이다. 용서하고 사랑으로 감싸야 한다."

하루는 사람들이 죄를 지은 여자를 광장으로 끌어내 돌을 던지려고 했습니다. 여자가 지은 죄는 당시의 법으로는 돌에 맞아 죽어 마땅했습니다.

하지만 예수는 이렇게 말했습니다.

"죄 없는 자만 저 여자에게 돌을 던져라."

결국 아무도 여자에게 돌을 던지지 못했습니다. 죄를 짓지 않고 사는 사람은 없으니까요.

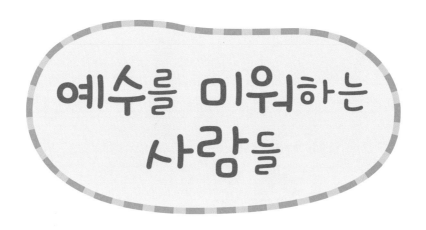

예수를 미워하는 사람들

예수의 가르침과 기적을 보고 점점 많은 사람들이 예수를 따랐습니다. 그들 중에는 예수를 구세주라고 믿는 사람도 많았습니다.

하지만 예수를 미워하는 사람도 있었습니다. 바로 유대교(이스라엘 민족의 종교)의 종교 지도자들이었습니다. 제사장(유대교의 지도자)들과 율법 학자(유대교 교리를 연구하고 따르는 사람)들은 예수를 무척 싫어했습니다.

"자기가 하느님의 아들이라고 떠들고 다닌다더군."

"가난한 목수 주제에 너무 건방져."

"세상 사람들이 존경해야 할 사람은 바로 지도자인 우리야. 그런데 사람들은 예수를 더 믿고 따르잖아."

제사장들과 율법 학자들, 바리사이파(유대교 중 탈무드와 율법만을 따르는 사람들) 사람들은 예수를 죽이려고 했습니다. 하지만 쉽지 않은 일이었습니다. 예수는 많은 사람들에게 존경받고 있었고, 따르는 사람도 많아 함부로 잡아갈 수 없기 때문이었습니다.

그러던 중 예수가 예루살렘으로 들어왔습니다. 수많은 사람들이 길거리로 나와 종려나무 가지를 흔들며 소리쳤습니다.

"구원하소서! 구원하소서, 호산나! 구세주시여, 우리를 구원해 주십시오!"

예수를 미워하는 사람들은 좋은 기회라고 생각했습니다.

"예루살렘 안으로 들어왔으니 잡기가 쉬울 거요."

"사람들에게 속임수를 쓰고 거짓말을 하는 예수를 절대로 그냥 두어서는 안 됩니다."

마침 그때 예수의 제자인 유다가 제사장들을 찾아왔습니다. 유다는 예수가 이스라엘을 지배할 왕이 될 것으로 믿고 제자가 되었지만, 예수는 유다가 생각하는 그런 왕이 아니었습니다.

"네가 예수를 우리에게 넘겨주면 은화 30냥을 주겠다."

유다는 제사장들과 약속을 하고, 예수와 그 일행이 머물고 있는 곳으로 갔습니다.

마지막
저녁 식사

    유월절을 하루 앞둔 날이었습니다. 유월절은 이스라엘 민족이 노예로 있던 이집트에서 탈출한 날을 기념하는 명절이었습니다.

    예수는 사랑하는 제자들과 곧 헤어져야 한다는 것을 알고 있었습니다. 예수는 대야에 물을 담아 제자들의 발을 씻어 주었습니다.

    "나는 너희의 스승이지만 이렇게 너희의 발을 씻어 주고 있다. 너희도 내가 너희를 사랑한 것처럼 서로 사랑하여라. 부

모를 사랑하고 형제를 사랑하고 이웃을 사랑하여라. 서로 사랑하라는 것이 하느님의 첫째 말씀이다."

예수는 제자들과 함께 저녁 식사를 했습니다. 예수는 빵을 들고 감사의 기도를 한 후 제자들에게 나누어 주었습니다.

"너희는 이 빵을 먹어라. 이것은 나의 살이고 몸이니라. 내 몸을 먹은 사람들은 영원한 생명을 얻을 것이다."

제자들은 무슨 말인지 몰라 어리둥절했습니다.

예수는 빵을 먹은 후에 포도주 잔을 들었습니다.

"이 포도주는 나의 피다. 이 피는 내가 세상 모든 사람을 위하여 흘릴 피다. 너희는 이 모든 것을 기억하여라. 그리고 앞으로 그대로 하도록 하여라."

그리고 예수는 슬픔에 가득 찬 얼굴로 말했습니다.

"나는 이제 곧 너희를 떠나게 될 것이다. 너희 중 한 명이 나를 팔아넘길 것이다."

제자들은 깜짝 놀랐지만 유다는 애써 태연한 척했습니다.

"저희는 끝까지 선생님을 지켜 드릴 것입니다."

베드로가 자신 있게 말했습니다. 하지만 예수는 고개를 저었습니다.

"베드로야, 너는 새벽닭이 울기 전에 세 번이나 나를 모른다고 할 것이다."

"그럴 리가 있겠습니까? 이 세상 끝까지 선생님과 함께하겠습니다."

모두 자신 있게 말했지만 두려운 마음도 들었습니다.

"너희는 나를 잃고 슬퍼할 것이다. 하지만 나는 죽은 뒤 3일 만에 부활할 것이다. 나는 하느님 아버지의 품으로 다시 돌아갈 것이니라."

'선생님이 잡혀가면 어떻게 하지? 우리는 어떻게 되는 거야?'

예수는 제자들의 두려워하는 마음을 알고 제자들을 위해 기도했습니다.

"하느님, 당신이 뽑은 이 사람들이 저를 대신해서 당신의 말씀을 전하게 하소서. 서로 사랑하여 하나가 되게 하소서."

제자들은 예수와 함께 무릎을 꿇고 기도를 올렸습니다.

저녁 식사가 끝난 후, 예수는 베드로와 야고보와 요한을
데리고 겟세마네 동산에 올라갔습니다. 겟세마네 동산은
예수가 제자들과 자주 기도를 올리던 곳이었습니다.

예수는 제자들에게 기다리라고 하고는 저만
큼 떨어져서 기도를 했습니다.

"하느님, 제가 죽음을 피할 수만 있
다면 피하게 해 주소서. 하지만

제 생각대로 하지 마시고 당신이 원하는 대로 하소서."

예수는 한참 동안이나 간절히 기도를 했습니다.

자신이 죽을 것을 알고 있는 예수는 마음이 아팠습니다. 그의 몸은 땀과 눈물로 젖어 있었습니다.

예수가 기도를 하는 동안 세 명의 제자는 그만 잠이 들고 말았습니다. 예수가 온몸에 기운이 빠져 휘청거리며 걸어왔습니다.

"일어나라. 나를 위해 잠시도 깨어 있을 수 없느냐? 나를 잡으려고 사람들이 왔다."

예수의 말에 제자들은 눈을 비비며 허둥지둥 일어났습니다.

재판을 받는 예수 그리스도

예수가 제자들과 동산을 내려오는데, 횃불을 든 병사들이 나타났습니다. 유다가 병사들을 데리고 예수를 잡으러 온 것이었습니다. 유다는 우물쭈물하다가 예수에게 입맞춤을 했습니다. 유다의 입맞춤은 예수가 누구인지 병사들에게 알려 주는 신호였습니다. 병사들은 예수를 밧줄로 꽁꽁 묶었습니다.

예수는 뒤를 돌아다보았습니다. 예수를 끝까지 지키겠다고 한 제자들이 모두 도망치고 있었습니다.

예수가 끌려간 곳은 제사장의 우두머리인 가야바가 사는 곳

통곡의 벽 | 이스라엘 예루살렘 서쪽에 있는 옛 도시 성벽. 많은 사람들이 기도를 하고 있는 이 성벽은 예수가 죽은 뒤 로마군이 많은 유대 인을 죽인 비극을 지켜본 성벽으로, 밤이면 통탄의 눈물을 흘려 '통곡의 벽'이라 부른답니다.

이었습니다.

"네가 정말 하느님의 아들이냐? 오늘 너를 재판해야 하니 사실대로 말하여라."

"나는 하느님의 아들, 예수 그리스도다. 나는 이스라엘의 백성들을 구하러 왔다."

예수의 말을 들은 사람들은 화를 냈습니다.

"네가 하느님의 아들이라고? 하느님을 욕되게 하는 말이다. 네 죄가 얼마나 큰지 모르고 있구나!"

제사장들과 바리사이파 사람들은 예수에게 무거운 벌을 내리겠다고 펄펄 뛰었습니다.

예수가 가야바의 집 안에서 재판을 받고 있을 때, 베드로는 밖에서 서성대고 있었습니다.

'선생님은 괜찮으실까?'

베드로는 예수가 걱정되었습니다. 하지만 함께 잡혀갈까 봐 안으로 들어가지 못했습니다.

"당신은 예수와 함께 다니던 사람이 아니오?"

누군가 베드로를 알아보았습니다.

"아, 아니오. 사람을 잘못 보았소. 나는 예수가 누구인지 전혀 모르오."

베드로는 고개를 세차게 저었습니다. 병사 중 한 명이 베드로를 알아보았을 때도, 지나가던 여자가 말을 걸었을 때도 대답은 똑같았습니다.

"나는 예수라는 사람을 본 적이 없소. 나는 예수와는 아무런 관계도 없는 사람이란 말이오."

베드로가 마을 안으로 도망쳐 들어갈 때, 닭 우는 소리가 들렸습니다.

'베드로야, 너는 새벽닭이 울기 전에 세 번이나 나를 모른다고 할 것이다……'

그 순간 갑자기 예수의 말이 생각났습니다.

"선생님, 저는 죄인입니다. 당신을 모른다고 했습니다."

베드로는 그 자리에 주저앉아 엉엉 울었습니다.

그 시각, 예수를 배반한 유다도 울고 있었습니다. 유다는 예수가 사람들에게 끌려가 매를 맞고 놀림을 당하는 모습을 보았습니다. 또, 예수가 죽게 될 것이라는 말을 들었습니다.

'내가 큰 잘못을 했어. 스승을 팔아넘기다니. 내가 잠깐 돈에 눈이 멀었어. 이 죄를 어떻게 씻을 수 있을까.'

너무나 괴로워하던 유다는 그만 목을 매 자살을 하고 말았습니다.

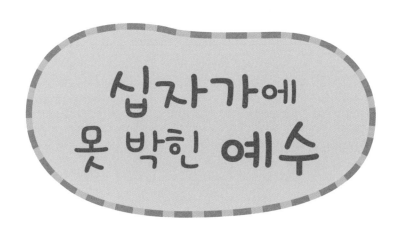

십자가에
못 박힌 예수

　당시 유대 인들에게는 죄수를 사형시킬 권리가 없었습니다.
그래서 제사장들과 사람들은 예수를 빌라도 총독(관할 구역을
다스리는 우두머리. 당시는 로마 인)에게 데리고 갔습니다.
　"이 사람은 우리 유대 인들에게 큰 죄를 지었습니다. 십자가
에 못 박으시오."
　"사람들을 속이고 하느님을 욕되게 했으니 죽여야 합니다!"
　유대 인들은 빌라도에게 소리쳤습니다. 빌라도는 예수의 죄
가 무엇인지 알 수 없었습니다. 하지만 예수를 풀어 준다면 유

십자가를 메고 골고다 언덕으로 가는 예수 | 예수가 십자가에 못 박혀 죽은 골고다 언덕으로 가는 내용을 담은 그림입니다.

대 인들이 가만히 있지 않을 것 같았습니다. 금세 난리라도 일으킬 것 같았습니다.

"너희 마음대로 십자가에 못 박아라."

빌라도는 유대 인들에게 예수를 넘겨주었습니다.

예수는 무서운 채찍질을 당했습니다. 온몸이 금세 피와 땀으로 물들었습니다.

“이 십자가를 짊어져라!”

로마의 병사들은 예수에게 무거운 십자가를 메고 가게 했습니다. 온몸이 상처투성이가 된 예수에게는 십자가를 멜 힘조차 남아 있지 않았습니다. 예수가 골고다 언덕으로 가는 동안 많은 유대 인들이 구경을 나왔습니다.

“네가 진짜 하느님의 아들이라면, 네 목숨부터 살려 봐!”

“어서 기적을 보여 봐! 너는 구세주잖아!”

사람들은 예수의 얼굴에 침을 뱉고 욕을 했습니다.

4월의 화창한 날, 예수는 십자가에 못 박혔습니다.

“네가 유대 인의 왕이라면서? 그럼 왕관을 써야지.”

병사들은 예수를 놀리며 가시관을 머리에 씌웠습니다. 십자가에 매달린 예수는 고통스러웠습니다.

“아버지, 저들을 용서해 주십시오. 저들은 자신들이 무슨 짓을 하고 있는지 모르고 있습니다.”

예수는 마지막 순간까지도 어리석은 유대 인들을 위해서 기도했습니다. 멀리서 어머니인 마리아가 그 모습을 지켜보고

있었습니다.

"가엾은 내 아들아······."

마리아의 얼굴에 하염없이 눈물이 흘렀습니다.

그때 갑자기 골고다 언덕 위로 구름이 몰려왔습니다. 해가 보이지 않아 한밤중처럼 어두워졌습니다.

"이제 다 이루었다. 제 영혼을 아버지께 드립니다······."

예수가 하늘을 우러러보더니 숨을 거두었습니다.

그 순간 땅이 흔들리고 갈라졌습니다. 모든 것을 날려 버릴 것처럼 세차게 바람이 불었습니다.

"우리가 진짜 하느님의 아들을 죽인 게 아닐까?"

사람들은 두려웠습니다. 나이 많은 요셉이라는 사람이 예수의 시신을 미리 준비해 두었던 돌무덤에 넣었습니다. 돌무덤의 입구는 큰 돌로 막았습니다. 사람들은 예수의 죽음을 슬퍼하며 각자의 집으로 돌아갔습니다.

예수가 죽은 후 사흘이 지났습니다. 예수를 따르던 네 명의 여자들이 예수의 무덤을 찾아왔습니다. 예수의 시신에 향료를 바르기 위해서였습니다. 그런데 이게 웬일일까요? 큰 돌로 막아 놓았던 돌무덤이 열려 있는 것이었습니다!

"누가 예수님의 시체를 꺼내 갔나 봐요!"

여자들은 놀라서 어쩔 줄을 몰랐습니다.

슬퍼하고 있는 제자들 앞에 예수가 나타났습니다.

"너희에게 평화가 있기를……."

제자들은 예수를 보고 깜짝 놀랐습니다. 죽은 후 사흘 만에 부활하겠다는 말이 이루어진 것입니다.

"정말 선생님이십니까?"

예수는 제자들과 식사도 하고, 손바닥의 못 자국도 보여 주었습니다.

"너희는 내 백성들을 잘 돌보아라. 그리고 하느님의 말씀을 전하라."

예수는 제자들이 보는 앞에서 하늘로 올라갔습니다.

예수의 제자들은 예수의 뜻을 본받아 온 세상을 다니며 하느님의 말씀과 예수의 삶을 전했습니다. ✿

예수의 삶

연 대	발 자 취
B.C. 4년(0세)	이스라엘 베들레헴의 한 마구간에서 동정녀 마리아의 아들로 태어나다.
B.C. 3년(1세)	헤롯 왕이 두 살 이하의 사내아이들을 죽이자 이를 피해 이집트로 도망쳤다가 몇 달 후 나사렛 마을로 돌아오다.
9년(12세)	유월절에 부모를 따라 예루살렘으로 가서 성전에 참배하다. 학자들과 토론을 하다가 부모를 잃어버릴 뻔하다.
27년(30세)	요르단 강에서 요한으로부터 세례를 받다. 광야에 나가 40일 동안 먹지도, 마시지도 않고 기도를 하다. 악마의 유혹을 세 차례 이겨 내고 고향인 나사렛으로 돌아와 사람들에게 전도를 시작하다.
27~29년 (30~32세)	여러 지방을 돌아다니며 사람들에게 설교를 하고 기적을 보이다. 열두 제자들을 맞이하다. 물 위를 걷고 빵 다섯 개와 물고기 두 마리로 오천 명을 배불리 먹이는 기적을 보이다. 귀머거리, 벙어리, 중풍 환자들을 고치고, 미친 사람에게서 마귀를 쫓아내다.
30년(33세)	유월절 축제가 있는 봄에 예루살렘에 들어가다. 제자들과 최후의 만찬을 통해 사랑의 계명과 빵과 포도주를 나누는 의식을 가르치다. 유대교의 종교 지도자들에게 잡혀 빌라도 총독에게 재판을 받다. 십자가형을 선고받고 십자가에 못 박혀 숨을 거두다. 사흘 만에 부활하여 제자들과 함께 지내다가 하늘나라로 올라가다.

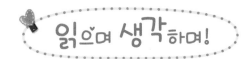
1. 요셉과 마리아는 여관을 여러 군데 돌아다녀도 빈 방을 찾을 수 없자 이
   곳에서 아기를 낳게 됩니다. 아기 예수가 태어난 이곳은 어디인가요?

"곧 아기를 낳을 텐데 먼 여행을 해야 하다니……."
요셉은 마리아가 걱정되었습니다.
베들레헴에 도착했습니다. 마리아는 곧 아기를 낳을
것 같았습니다.
"빈 방 있습니까?"
요셉과 마리아는 베들레헴의 여관을 돌아다녔습니다.
"미안하지만, 방이 없습니다. 사람들이 많이 모이는
때라 빈 방이 없습니다."

2. 예수의 가르침과 기적을 보고 많은 사람들이 예수를 따르지만, 예수를
   미워하는 사람도 많았습니다. 그들은 누구인가요?

3. 예수를 배반하여 유대 인들에게 팔아넘긴 제자는 누구인가요?

4. 유대교의 종교 지도자들이 예수를 미워하여 해치려고 한 까닭은 무엇이었나요?

    제사장(유대교의 지도자)들과 율법 학자(유대교 교리를 연구하고 따르는 사람)들은 예수를 무척 싫어했습니다.
    "자기가 하느님의 아들이라고 떠들고 다닌다더군."
    "가난한 목수 주제에 너무 건방져."
    "세상 사람들이 존경해야 할 사람은 바로 지도자인 우리야. 그런데 사람들은 예수를 더 믿고 따르잖아."
    제사장들과 율법 학자들, 바리사이파(유대교 중 탈무드와 율법만을 따르는 사람들) 사람들은 예수를 죽이려고 했습니다.

5. 헤롯 왕은 예수가 태어나자 베들레헴에 있는 두 살 이하의 남자 아기들을 모두 죽이라고 명령합니다. 그 이유는 무엇이었는지, 이를 통해 알 수 있는 헤롯 왕의 성격은 어떠한지 적어 보세요.

6. 빌라도는 예수의 죄가 무엇인지 모르면서도 예수를 풀어 주지 못했습니다. 다른 사람들의 눈이 두려웠기 때문이지요. 빌라도의 이러한 행동에 대해 어떻게 생각하는지, 자신 혹은 주변의 경험과 관련지어 써 보세요.

유대 인들은 빌라도에게 소리쳤습니다. 빌라도는 예수의 죄가 무엇인지 알 수 없었습니다. 하지만 예수를 풀어 준다면 유대 인들이 가만 있지 않을 것 같았습니다. 금세 난리라도 일으킬 것 같았습니다.
"너희 마음대로 십자가에 못 박아라."
빌라도는 유대 인들에게 예수를 넘겨주었습니다.

7. 예수는 위인이라기보다는 성인이었습니다. 예수가 인류에게 베풀고 간 사랑이 왜 위대한지 자신의 생각을 말해 보세요.

 풀이

1. 마구간

2. 제사장, 율법 학자, 바리사이파 사람들.

3. 유다

4. 예시 : 제사장들과 율법학자들은 세상 사람들의 존경을 한몸에 받고 있었다. 그런데 갑자기 예수가 나타남으로써 자신들의 위치가 흔들리게 되었고, 이로 인해 자신들이 누리고 있는 많은 것을 잃게 될지도 모른다고 생각했기 때문에 그랬던 것이다.

5. 예시 : 새로 태어난 아기 예수가 나중에 자기 자리를 빼앗고 왕이 될까 봐 두려워 그런 명령을 내렸다. 다른 방법을 찾지 않고 소중한 생명을 무작정 죽이라고 한 것으로 보아 매우 잔인하고 매정하며 권력에 대한 욕심이 무척 많은 사람이었음을 알 수 있다.

6. 예시 : 죄가 없는 사람에게 책임을 지운 것은 분명 잘못된 행동이다. 그러나 그 상황에서 예수를 풀어 준다면 유대 인들로부터 손가락질을 받을 것이 분명했다. 빌라도의 행동은 비난받아 마땅하지만 이해하지 못하는 것은 아니다. 우리 반에도 왕따를 당하는 아이가 있는데, 그 아이를 챙겨 주고 싶었지만 다른 아이들에게 눈치가 보여서 그냥 모른 척하였던 것이 후회된다. 진정한 용기란 무엇인지 다시 한번 생각해 보아야겠다.

7. 예시 : 예수는 가장 낮은 곳에서 천하게 태어나 가장 높은 곳으로 올라간 분이다. 그는 하느님의 아들이었음에도 불구하고 스스로 가장 낮은 자가 되어 부모 사랑과 이웃 사랑과 원수 사랑을 가르치고 십자가에 매달리는 고통을 당했다. 말로만 사랑을 부르짖은 것이 아니라 하느님의 말씀대로 사는 것이 어떤 것인지 몸소 실천했기 때문에 위대한 성인으로 추앙받고 있는 것이다.

한국사 위인 및 사건

최무선	(1328~1395)
황희	(1363~1452)
세종대왕	(1397~1450)
장영실	(?~?)
신사임당	(1504~1551)
이이	(1536~1584)
허준	(1539~1615)
유성룡	(1542~1607)
한석봉	(1543~1605)
이순신	(1545~1598)
오성과 한음	(오성 1556~1618 / 한음 1561~1613)
광개토태왕	(374~412)
연개소문	(?~666)
장보고	(?~846)
을지문덕	(?~?)
김유신	(595~673)
대조영	(?~719)
왕건	(877~943)
강감찬	(948~1031)

한국사 사건 (연도순)

- 고조선 건국 (B.C. 2333)
- 철기 문화 보급 (B.C. 300년경)
- 고조선 멸망 (B.C. 108)
- 고구려 불교 전래 (372)
- 신라 불교 공인 (527)
- 고구려 살수 대첩 (612)
- 신라 삼국 통일 (676)
- 고구려 발해 건국 (698)
- 장보고 청해진 설치 (828)
- 견훤 후백제 건국 (900)
- 궁예 후고구려 건국 (901)
- 대조영 왕건 고려 건국 (918)
- 귀주 대첩 (1019)
- 윤관 여진 정벌 (1107)
- 고려 강화로 도읍 옮김 (1232)
- 개경 환도, 삼별초 대몽 항쟁 (1270)
- 문익점 원에서 목화씨 가져옴 (1363)
- 최무선 화약 만듦 (1377)
- 조선 건국 (1392)
- 훈민정음 창제 (1443)
- 임진왜란 (1592~1598)
- 한산도 대첩 (1592)
- 허준 동의보감 완성 (1610)
- 병자호란 (1636)
- 상평통보 전국 유통 (1678)

시대 구분 (한국사)

B.C.	선사 시대 및 연맹 왕국 시대	A.D. 삼국 시대	698 남북국 시대	918 고려 시대	1392

2000	500	400	300	100	0	300	500	600	800	900	1000	1100	1200	1300	1400	1500	1600

시대 구분 (세계사)

B.C.	고대 사회	A.D. 375 중세 사회	1400

세계사 사건

- 중국 황하 문명 시작 (B.C. 2500년경)
- 인도 석가모니 탄생 (B.C. 563년경)
- 알렉산더 대왕 동방 원정 (B.C. 334)
- 크리스트교 공인 (313)
- 수나라 중국 통일 (589)
- 이슬람교 창시 (610)
- 수 멸망 당나라 건국 (618)
- 러시아 건국 (862)
- 거란 건국 (918)
- 송 태종 중국 통일 (979)
- 제1차 십자군 원정 (1096)
- 테무친 몽골 통일 칭기즈 칸이 됨 (1206)
- 원 제국 성립 (1271)
- 원 멸망 명 건국 (1368)
- 게르만 민족 대이동 시작 (375)
- 로마 제국 동서로 분열 (395)
- 잔 다르크 영국군 격파 (1429)
- 구텐베르크 금속 활자 발명 (1450)
- 코페르니쿠스 지동설 주장 (1543)
- 도요토미 히데요시 일본 통일 (1590)
- 독일 30년 전쟁 (1618)
- 영국 청교도 혁명 (1642~1649)
- 뉴턴 만유인력의 법칙 발견 (1665)

세계사 인물

- 석가모니 (B.C. 563?~B.C. 483?)
- 예수 (B.C. 4?~A.D. 30)
- 칭기즈 칸 (1162~1227)

정약용 (1762~1836)			주시경 (1876~1914)		우장춘 (1898~1959)	유관순 (1902~1920)			백남준 (1932~2006)		이태석 (1962~2010)			
김정호 (?~?)			김구 (1876~1949)											
			안창호 (1878~1938)		방정환 (1899~1931)	윤봉길 (1908~1932)	이중섭 (1916~1956)							
			안중근 (1879~1910)											

| 이승훈 천주교 전도 (1784) | 최제우 동학 창시 (1860) | 강화도 조약 체결 (1876) | | 동학 농민 운동, 갑오 개혁 (1894) | 을사 조약 (1905) | 한일 강제 합방 (1910) | | | 8·15 광복 (1945) | | 6·29 민주화 선언 (1987) | | | |
| | 김정호 대동여 지도 제작 (1861) | 지석영 종두법 전래 (1879) | 갑신 정변 (1884) | 대한 제국 성립 (1897) | 헤이그 특사 파견, 고종 퇴위 (1907) | 3·1 운동 (1919) | 어린이날 제정 (1922) | 윤봉길· 이봉창 의거 (1932) | 대한 민국 정부 수립 (1948) | 6·25 전쟁 (1950~1953) | 10·26 사태 (1979) | 서울 올림픽 개최 (1988) | 북한 김일성 사망 (1994) | 의약 분업 실시 (2000) |

| 조선 시대 | | | | 1876 개화기 | 1897 대한 제국 | 1910 | 일제 강점기 | | | 1948 | 대한민국 | | | |

| 1700 | 1800 | 1850 | 1860 | 1870 | 1880 | 1890 | 1900 | 1910 | 1920 | 1930 | 1940 | 1950 | 1970 | 1980 | 1990 | 2000 |

| 근대 사회 | | | | | | | 1900 | | | 현대 사회 | | | | | | |

| 미국 독립 선언 (1776) | 청·영국 아편 전쟁 (1840~1842) | | 미국 남북 전쟁 (1861~1865) | 베를린 회의 (1878) | 청· 프랑스 전쟁 (1884~1885) | 청·일 전쟁 (1894~1895) | 영·일 동맹 (1902) | 제1차 세계 대전 (1914~1918) | 세계 경제 대공황 시작 (1929) | 제2차 세계 대전 (1939~1945) | 태평양 전쟁 (1941~1945) | 소련 세계 최초 인공위성 발사 (1957) | 제4차 중동 전쟁 (1973) | 미국 통일 (1990) | 독일 통일 (1990) | 미국 9·11 테러 (2001) |
| 프랑스 대혁명 (1789) | | | | | | 헤이그 평화 회의 (1899) | 러·일 전쟁 (1904~1905) | 러시아 혁명 (1917) | | | 국제 연합 성립 (1945) | | 소련 아프가니 스탄 침공 (1979) | | 유럽 11개국 단일 통화 유로화 채택 (1998) | |

워싱턴 (1732~1799)	링컨 (1809~1865)	가우디 (1852~1926)	라이트 형제 (형, 윌버 1867~1912 / 동생, 오빌 1871~1948)	아문센 (1872~1928)	헬렌 켈러 (1880~1968)			테레사 (1910~1997)	마틴 루서 킹 (1929~1968)		스티븐 호킹 (1942~2018)	오프라 윈프리 (1954~)			
페스탈 로치 (1746~1827)	나이팅 게일 (1820~1910)			슈바이처 (1875~1965)				만델라 (1918~2013)				스티브 잡스 (1955~2011)			
모차 르트 (1756~1791)	파브르 (1823~1915)			아인슈 타인 (1879~1955)								빌 게이츠 (1955~)			
나폴 레옹 (1769~1821)	노벨 (1833~1896)			마리 퀴리 (1867~1934)											
	에디슨 (1847~1931)			간디 (1869~1948)											

2019년 1월 10일 2판 3쇄 **펴냄**
2014년 2월 25일 2판 1쇄 **펴냄**
2008년 7월 30일 1판 1쇄 **펴냄**

펴낸곳 (주)효리원
펴낸이 윤종근
글쓴이 고수산나 · **그린이** 안준석
사진 제공 중앙포토, Shutterstock.com 65p Joseph Sohm
등록 1990년 12월 20일 · **번호** 2-1108
우편 번호 03147
주소 서울시 종로구 삼일대로 457, 1206호
대표 전화 02)3675-5222 · **편집부** 02)3675-5225
팩시밀리 02)765-5222

ⓒ 2008 · 2014, (주)효리원

ISBN 978-89-281-0347-8 64990

홈페이지 www.hyoreewon.com